DETLEV JÖCKERs bunte Liederwelt

Hans-Joachim Fuhrig

Start English with a Song

Bekannte Lern-, Spiel- und Spaßlieder mit unterstützenden Anleitungen für die ersten Sprachlernschritte in Englisch

Musik: Detlev Jöcker
Liedertexte: Heinz Beckers, Hans-Joachim Fuhrig, Lore Kleikamp
Englische Übersetzung: Hans-Joachim Fuhrig
Textbeiträge: Hans-Joachim Fuhrig
Illustrationen: FACHWERK, Werbe- und Projektagentur

W0003790

Die 12 Lieder dieses Buches gibt es auch auf der
CD/MusiCassette „Start English with a Song"
mit sämtlichen Instrumental-Playbacks zum Mitsingen:
Erhältlich im Buchhandel, Spielwarenfachhandel, Tonträgerfachhandel
und überall, wo es Tonträger und/oder Bücher gibt
sowie direkt beim Menschenkinder® Verlag und Vertrieb GmbH,
An der Kleimannbrücke 97, 48157 Münster
http://www.menschenkinder.de

➜ **Mit Hörproben sämtlicher Lieder!**

EXTRA!
Mit den Liedtexten im Booklet in englischer und deutscher Sprache und Instrumental-Playbacks zum Nachsingen!

Vielen Dank an Maximilian Fuhrig, Patrick Rolfe und Alison Edwards, London, und Sue Gibbs, Lake District, für ihre Anregungen und Ratschläge.

5. Auflage 2009
Menschenkinder® Verlag, 48157 Münster
Alle Rechte vorbehalten. Nachdruck – auch auszugsweise –
Nur mit Genehmigung des Verlages.
Druck: Schätzl Druck & Medien, Donauwörth
Satz und Layout: FACHWERK, Werbe- und Projektagentur, Münster
Notengrafik: Kuntze-Music, Georgsmarienhütte

Printed in Germany 2009

Die Deutsche Bibliothek – CIP-Einheitsaufnahme

Start English with a Song [Medienkombination] : Lern- und Spiellieder für die ersten Sprachlernschritte / Hans-Joachim Fuhrig ; Detlev Jöcker. – Münster : Menschenkinder®.
Buch..-2003
ISBN 978-3-89516-162-9

Inhalt

Begrüßung und Verabschiedung
Lied: Good morning 8
Lernspiel zum Lied 9
Gut zu wissen 9
Englisch-deutsche Übersetzungen 10

Wer kennt die Wochentage?
Lied: The Minimonsters´ busy week 12
Lernspiel zum Lied 14
Gut zu wissen 15
Englisch-deutsche Übersetzungen 16
Schreibspiel 17
Beobachtungs- und Schreibspiel 18
Englisches Rollenspiel und Dialoge 19
Tipp 19

Wer gehört zur Familie?
Lied: The Teddybear's mother ... 20
Gut zu wissen 21
Lernspiel zum Lied 22
Englisch-deutsche Übersetzungen 23
Und so klingt es richtig Englisch 24
Ein Kinderreim / A nursery rhyme 24
Spaß mit den Teddybären / Have fun with the Teddybears 25

Sprachübungen mit Spaß
Lied: Let's sing a song 26
Gut zu wissen 28
Englisch-deutsche Übersetzungen 29
Sprech- und Schreibspiel 29
Zähle bis fünf / Count [kaunt] up to five 29

Wie ist das Wetter?
Lied: What is the weather like today? 30
Gut zu wissen 31
Englisch-deutsche Übersetzungen 32
Englisches Rollenspiel und Dialoge 33

So lerne ich das Alphabet!
Lied: ABC Song 34
Gut zu wissen 35
Englisch-deutsche Übersetzungen 36
Tagesablauf 36
Buchstabier-Spiel 36
Das englische Alphabet in Bildern / The English picture alphabet 37

Vokabeln lernen, kinderleicht!
Lied: Dee dee dee dip dip 38
Lernspiel zum Lied 39
Gut zu wissen 39
Englisch-deutsche Übersetzungen 40
Ein Reim / A rhyme 40
Symbole und Schilder zur Erinnerung 41

Kennt ihr die Farben?
Lied: Blue, blue, blue 42
Gut zu wissen 43
Englisch-deutsche Übersetzungen 43
Farben in englischen Begriffen 44
Spielidee 45

So sprechen die Tiere
Lied: Pets and animals 46
Gut zu wissen 47
Englisch-deutsche Übersetzungen 48
Ein Kinderreim auf Englisch / A nursery rhyme in English 49
Auf einem Bauernhof / On a farm 49

Jetzt kenne ich alle Körperteile
Lied: Wishy, washy, wishy 50
Lernspiel zum Lied 51
Gut zu wissen 51
Englisch-deutsche Übersetzungen 52
Vergleiche 52
Spielidee: Mach es nach! Aber Vorsicht, Falle! 52
Die Körperteile / The parts of the body 53
Tipp 54

Weißt du, wer?
Lied: Do you know who? 55
Lernspiel zum Lied 56
Gut zu wissen 57
Englisch-deutsche Übersetzungen 57
Eine wichtige Frage 57

Das mache ich alles nach
Lied: Let´s wobble! 58
Gut zu wissen 59
Englisch-deutsche Übersetzungen 60
Spielidee 60
Tipp 60
Ein Reim / A rhyme 61
Gegensätze / Opposites 62

Vorwort

Dieses Liederbuch soll eine Hilfe sein für alle Erwachsenen, die sich mit den Liedern der CD/MC **„Start English with a Song"** näher vertraut machen möchten. Eltern, ErzieherInnen und LehrerInnen, die die Lieder mit Kindern singen, erarbeiten und vertiefen, finden hier Texte, Erklärungen und Vorschläge für Kinder, um spielend Englisch zu lernen.

In erster Linie geht es darum, mit Spaß erste Englischkenntnisse zu erwerben oder sich in englische Laute, Wörter, Phrasen und Ausdrücke einzuhören. Hauptsächlich durch das Anhören der englischen Lieder, durch Mit- und Nachsingen (beispielsweise mit Hilfe der Playback-Versionen der Lieder) können Kinder aktiv erste Sprachlernschritte im Englischen erleben.

Mit Hilfe von motorischen Übungen, Bewegungen und Spielen werden die Wörter, Phrasen und Sätze vertieft und gefestigt.

Der besondere Vorteil der Methode von „Start English with a Song" liegt in der Eingängigkeit der Texte, der Nachhaltigkeit der Liedmelodien sowie in der Einfachheit und Wiederholung der Sprachmuster. Die Lieder sind nach ihrem fremdsprachlichen Schwierigkeitsgrad angeordnet. Es bleibt aber trotzdem jedem überlassen, zu entscheiden in welcher Reihenfolge sie oder er die Lieder vorstellen und einführen möchte.

Die Sprache, der kulturelle Kontext und Hintergrund der Lieder sowie die vorgeschlagenen Aktivitäten von „Start English with a Song" orientieren sich meist an Alltags- und Sprachgebräuchen von britischen Kindern. Wichtige Wörter und Redewendungen, die nicht in den Liedern selbst vorkommen, werden um eine *Aussprechhilfe* mit deutschen Lauten ergänzt. Beispiel: fine, gesprochen *[fein]*. Einige grundlegende Sprachmuster sind besonders hervorgehoben.

Und nun viel Spaß beim Zuhören, Mitsingen, Mitmachen und beim Englischlernen mit „Start English with a Song".

Hans-Joachim Fuhrig

Studiendirektor für Deutsch und Englisch, Deutschland

Bis 2001 Fachberater für Deutsch, Goethe Institut, London

Symbole und ihre Bedeutung

 Gut zu wissen

 Englisch-deutsche Übersetzung

 Tipp

 Weg

 Dialog

Begrüßung und Verabschiedung

Good morning

Text: 1. Strophe Lore Kleikamp / 2.-3. Strophe Hans-Joachim Fuhrig /
1. Strophe Übersetzung: Hans-Joachim Fuhrig / Musik: Detlev Jöcker
(nach: Guten Morgen / aus: 1, 2, 3 wir singen mit)

2. Good afternoon, good afternoon,
   good afternoon, how are you?
   Good afternoon, good afternoon,
   and how are you?
   It´s really nice to see you here
   and I am happy you are here.
   Good afternoon, good afternoon,
   and have a good day.

3. Goodbye, goodbye,
   goodbye and see you.
   Goodbye, goodbye,
   and see you soon.
   It was so nice to see you here,
   I hope to see you soon
   somewhere.
   Goodbye, goodbye,
   and have a good day.

Lernspiel zum Lied:

Während der ersten Strophe des Liedes:

1. Vorspiel: während der Wecker läutet, sich ausgiebig strecken und dehnen,
2. auf einander zugehen,
3. sich (nur einmal) kurz die Hand geben,
4. sich voreinander kurz verneigen,
5. sich umarmen und gegenseitig auf die Schulter klopfen,
6. wieder auseinandergehen und sich noch einmal zuwinken, wenn möglich
7. auf den nächsten Partner zugehen und erneut beginnen

Varianten für die zweite Strophe:

1. Ein Plüschtier oder eine Puppe begrüßen.
2. Sich wie Erwachsene begrüßen (sehr förmlich und steif).

Gut zu wissen

In Großbritannien begrüßt man sich in der Regel nicht mit Händeschütteln wie in Deutschland. Lediglich beim ersten Zusammentreffen mit Personen oder nach einer längeren Trennung reicht man sich die Hand, was aber eine recht förmliche Geste von Erwachsenen darstellt. Kinder verhalten sich dagegen natürlich und ungezwungen und begrüßen sich auch entsprechend, je nach Lust und Laune, mit:

- Hello
- Good morning
- Good afternoon
- Good evening

Begrüßung und Verabschiedung

Beim Verabschieden sagt man dann:

- Goodbye
- Bye
- Bye, bye
- Good night

Englisch-deutsche Übersetzungen

good morning	guten Morgen
good afternoon	guten Tag *(kann man ab 12 Uhr mittags sagen: es gibt keine Entsprechung im Deutschen)*
good evening	guten Abend
good night	gute Nacht
goodbye	auf Wiedersehen

Englisches Rollenspiel und Dialoge

Begrüßung	
How are you?	Wie geht's?
Antwort:	
Fine *[fein]*, thank you.	Danke, gut.
And how are you?	Und wie geht es dir / Ihnen?
Antwort:	
Fine, thank you.	Danke, gut.
(It's) nice to see you	(Es ist) Nett, dich / Sie zu sehen
Antwort:	
Nice to see you (too).	(Auch) Schön dich/Sie zu sehen.
Goodbye.	
Antwort: Goodbye.	

really	wirklich
here	hier
and	und
I am (Kurzform I'm)	ich bin
I am happy (that) you are here	ich bin froh, dass du da bist / dass Sie da sind
have a good day	ich wünsche dir / Ihnen einen schönen Tag
see you	etwa: bis dann
see you soon	bis bald
it was nice to see you (here)	es war nett, dich / Sie (hier) zu sehen
I hope to see you soon somewhere	ich hoffe dich / Sie bald (irgendwo) wieder zu sehen

Englische und deutsche Sätze

I	am.
Ich	bin.

You	are.
Du	bist.
Sie	sind.

Wer kennt die Wochentage?

The Minimonsters' busy week

Text: Lore Kleikamp / Übersetzung: Hans-Joachim Fuhrig /
Musik: Detlev Jöcker
(nach: Das Minimonster / aus: 1, 2, 3 wir singen mit)

Wer kennt die Wochentage?

2. On Tuesday morning
   minimonsters
   are so very busy.
   On Tuesday morning
   minimonsters
   are so very busy.
   Standing up and sitting down.
   Standing up and sitting down.
   Standing up and sitting down.
   Standing up and sitting down.
   Standing up and sitting down.
   Standing up and sitting down.

3. On Wednesday morning
   minimonsters
   are so very busy.
   On Wednesday morning
   minimonsters
   are so very busy.
   Hopping left and hopping right.
   Hopping left and hopping right.
   Hopping left and hopping right.
   Hopping left and hopping right.
   Hopping left and hopping right.
   Hopping left and hopping right.

4. On Thursday morning
   minimonsters
   are so very busy.
   On Thursday morning
   minimonsters
   are so very busy.
   Turning left and turning right.
   Turning left and turning right.
   Turning left and turning right.
   Turning left and turning right.
   Turning left and turning right.
   Turning left and turning right.

5. On Friday morning
   minimonsters
   are so very busy.
   On Friday morning
   minimonsters
   are so very busy.
   Drumming here and drumming there.
   Drumming here and drumming there.
   Drumming here and drumming there.
   Drumming here and drumming there.
   Drumming here and drumming there.
   Drumming here and drumming there.

6. On Saturday morning
   minimonsters
   are so very busy.
   On Saturday morning
   minimonsters
   are so very busy.
   Singing low and singing high.
   Singing low and singing high.
   Singing low and singing high.
   Singing low and singing high.
   Singing low and singing high.
   Singing low and singing high.

7. On Sunday morning
   minimonsters
   are so very busy.
   On Sunday morning
   minimonsters
   are so very busy.

Wer kennt die Wochentage?

Lernspiel zum Lied:

Bei jeder Strophe gibt es etwas mit den Händen, den Füßen oder mit dem ganzen Körper zu tun:

Montag:	Monday morning	jumping up and jumping down *auf und nieder springen*
Dienstag:	Tuesday morning	standing up and sitting down *aufstehen und sich wieder setzen*
Mittwoch:	Wednesday morning	hopping left and hopping right *nach links und nach rechts hüpfen*
Donnerstag:	Thursday morning	turning left and turning right *sich linksherum und rechtsherum drehen*
Freitag:	Friday morning	drumming here and drumming there *links und rechts wie auf eine Pauke schlagen*
Samstag:	Saturday morning	singing low and singing high *mit den Händen die Tonhöhen angeben wie ein Dirigent*
Sonntag:	Sunday morning	*gähnen und einschlafen*

Gut zu wissen

Einige englische Wochentage klingen ähnlich wie die deutschen:

Monday	Montag
Tuesday	Dienstag
Wednesday	Mittwoch
Thursday	Donnerstag
Friday	Freitag
Saturday	Samstag
Sunday	Sonntag

„On Monday" bedeutet „am Montag". Englische Wochentage werden immer groß geschrieben.

Die Schulwoche dauert von Montag bis Freitag Nachmittag. Lediglich an manchen Privatschulen gibt es noch Unterricht am Samstag Vormittag.

Englische Schüler bekommen nicht jeden Tag Hausaufgaben. Dafür dauert jeder Schultag bis in den Nachmittag hinein.

Es gibt ein paar Gewohnheiten, die mit den Wochentagen verbunden sind, vor allem am Wochenende:

Samstags geht man einkaufen. Die Kinder treiben oft Sport.
Am Sonntag machen viele Familien einen Ausflug und ein Picknick.

Wer kennt die Wochentage?

Englisch-deutsche Übersetzungen

week *[wiek]*	Woche
busy week	arbeitsame Woche
on Monday morning	am Montag Morgen
minimonsters are so very busy *[bisi]*	kleine Monster sind so sehr beschäftigt
jumping up and jumping down	(indem sie) auf und nieder springen
hopping left and hopping right	(indem sie) nach links und rechts hüpfen
turning left and turning right	(indem sie) sich nach links und nach rechts drehen
drumming here and drumming there	(indem sie) hier und da trommeln
singing low and singing high	(indem sie) tief und hoch singen
they are busy	sie sind beschäftigt

Englische und deutsche Sätze

They	are	busy.
Sie	sind	beschäftigt.

Minimonsters are so very busy.
Kleine Monster sind so sehr beschäftigt.

Wer kennt die Wochentage?

Timetable

	Monday	Tuesday	Wednesday	Thursday	Friday	Saturday	Sunday
Morning	jumping	standing	hopping	turning	drumming	singing	sleeping
Afternoon							

Schreibspiel

Mit den Wochentagen kann man einen englischen Stundenplan (timetable) schreiben und die verschiedenen Tätigkeiten der Minimonster eintragen:

Monday	jumping
Tuesday	standing
Wednesday	hopping
Thursday	turning
Friday	drumming
Saturday	singing
Sunday	sleeping *[slieping]*

Für die Nachmittage (afternoon) kann man aus folgenden Aktivitäten wählen:

writing *[reiting]* (schreiben)
playing *[pleing]* (spielen)
shopping (einkaufen)
reading *[rieding]* (lesen)
dancing (tanzen)
swimming (schwimmen)
running *[ranning]* (rennen)

Wer kennt die Wochentage?

Mit der Playback-Version können neue Strophen gebildet werden.

writing	schreiben
playing	spielen
shopping	einkaufen
reading	lesen
dancing	tanzen
swimming	schwimmen
running	rennen

Dazu kombiniert man (passend oder auch unpassend):

up / down [ap / daun]	auf / nieder
left / right	links / rechts
here / there	hier / da, dort
high / low	hoch / nieder

Zum Beispiel:

On Monday afternoon Minimonsters are so very busy.

On Monday afternoon Minimonsters are so very busy.

Playing here and playing there …

Beobachtungs- und Schreibspiel

Auch Monatsnamen haben oft Ähnlichkeit mit dem Deutschen

Unterstreiche bei den englischen Wörtern diejenigen Buchstaben, die anders sind als im Deutschen.

Beispiel:

Englisch	*Deutsch*
J a n u a r y	J a n u a r
F e b r u a r y	F e b r u a r
M a r c h	M ä r z
A p r i l	A p r i l
M a y	M a i
J u n e	J u n i
J u l y	J u l i
A u g u s t	A u g u s t
S e p t e m b e r	S e p t e m b e r
O c t o b e r	O k t o b e r
N o v e m b e r	N o v e m b e r
D e c e m b e r	D e z e m b e r

☺☺ Englisches Rollenspiel und Dialoge

When are you busy *[bisi]*? (Wann bist du beschäftigt?)
Antwort:
On Monday. (Am Montag.)

In the afternoon? (Am Nachmittag?)
Antwort:
In the morning. (Am Morgen.)

When are you not busy? (Wann bist du nicht beschäftigt?)
Antwort:
On Tuesday. (Am Dienstag.)

Tipp:

Diese Zeichen können benutzt werden, um die Kinder während des Singens oder während der Dialoge an wichtige Wörter zu erinnern:

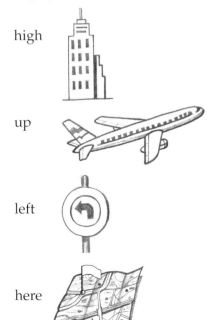
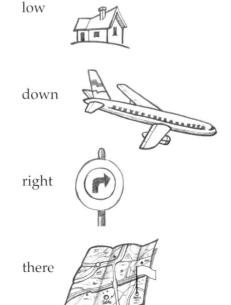

high

low

up

down

left

right

here

there

Wer gehört zur Familie?

The Teddybear's mother

Text: Hans-Joachim Fuhrig / Musik: Detlev Jöcker
(nach: 1, 2, 3 im Sauseschritt / aus: 1, 2, 3 im Sauseschritt)

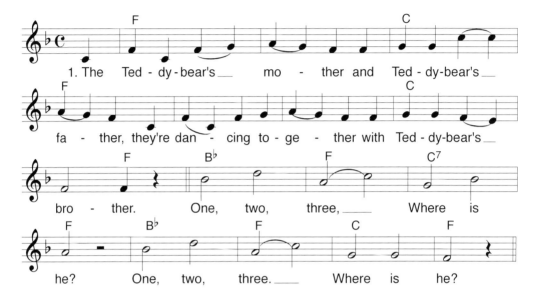

2. The Teddybear´s mother,
   and Teddybear´s father
   They 're singing together
   with Teddybear´s sister.
   One, two, three, where is she?
   One, two, three, where is she?

3. The Teddybear´s mother,
   and Teddybear´s father,
   they 're walking together
   with Teddybear´s brother.
   One, two, three, where is he?
   One, two, three, where is he?

4. The Teddybear´s mother,
   and Teddybear´s father
   They 're playing together
   with Teddybear´s sister.
   One, two, three, where is she?
   One, two, three, where is she?

Wer gehört zur Familie?

Gut zu wissen

Es gibt im Englischen viele Geschichten mit Teddybären. Am bekanntesten und berühmtesten sind die Geschichten mit dem „Paddington Bear".

In diesem Lied geht es um die Vorstellung einer Familie und ihrer Familienmitglieder.

Englische und deutsche Sätze

He	is	the father	and	she	is	the mother.
Er	ist	der Vater	und	sie	ist	die Mutter.

He	is	the brother	and	she	is	the sister.
Er	ist	der Bruder	und	sie	ist	die Schwester.

Wer gehört zur Familie?

Lernspiel zum Lied

Und so wird die Teddybärenfamilie vorgestellt:
Die Kinder spielen die Rollen der Mitglieder der Teddybärenfamilie. Sie verbeugen sich und fassen sich an den Händen, gehen drei Schritte nach links und nach rechts und suchen den Bruder oder die Schwester des Teddybärs.

Teddybear's mother and Teddybear's father
Teddybärs Mutter und Teddybärs Vater

Teddybear Teddybear's brother and Teddybear's sister
Teddybär Teddybärs Bruder und Teddybärs Schwester.

Wer gehört zur Familie?

Englisch-deutsche Übersetzungen

the	der, die, das
Teddybear's mother	Teddybärs Mutter
father	Vater
sister	Schwester
brother	Bruder
they´re dancing together with ...	sie tanzen zusammen mit ...
(„they´re" ist die gesprochene Kurzform von „they are" – „sie sind")	
they´re singing together with ...	sie singen zusammen mit ...
they´re walking together with ...	sie laufen/ spazieren zusammen mit ...
they´re playing together with ...	sie spielen zusammen mit ...
one, two, three	eins, zwei, drei
where is he?	wo ist er?
where is she?	wo ist sie?

Englische und deutsche Sätze

Look,	they	are	dancing	together.
Schau,	sie	sind	tanzend	zusammen.

(Schau, sie tanzen gerade zusammen!)

Und so klingt es richtig Englisch

Der englische „W"-Laut

Im Englischen muss man bei der Aussprache des „W" darauf achten, dass die Lippen gespannt werden und dass man die Lippen nach außen bewegt, z. B. wenn man fragt: „where"? – Wo?

Der typisch englische „TH"-Laut

Ein bisschen schwieriger ist die Aussprache des „TH"-Lautes. Dazu muss die Zunge weit nach vorne zwischen die obere und die untere Zahnreihe geschoben werden. Man bläst dann durch die Zähne hindurch.

Bei „three" muss man fester durch die Zähne hindurchblasen als bei „the", „they" oder „mother".

Auf keinen Fall mogeln und statt des „TH" ein „D" sprechen!

Der englische „R"-Laut

Um ein englisches „R" zu sprechen, sollte man die Zunge einrollen bzw. nach hinten biegen, z. B. bei „three", „brother".

Ein Kinderreim / A nursery rhyme

Round and round the garden, like [leik] a teddybear,

one step, two steps,

tickly under [ande] there!

Gehen Sie mit Ihren Fingern auf der geöffneten Handfläche Ihres Kindes im Kreis „spazieren".
Gehen Sie mit Ihren Fingern auf dem Arm des Kindes in Richtung Schulter „spazieren".
Kitzeln Sie Ihr Kind unter der Achsel oder am Hals.

Wer gehört zur Familie?

Spaß mit den Teddybären / Have fun with the Teddybears

Look, what are they doing together?   Schau, was machen sie gerade zusammen?

They are dancing.   They are singing.

They are walking [wooking].   They are playing.

Sprachübungen mit Spaß

Let's sing a song

Text: Hans-Joachim Fuhrig / Musik: Detlev Jöcker
(nach: Ich sing ein Lied / aus: 1, 2, 3 wir singen mit)

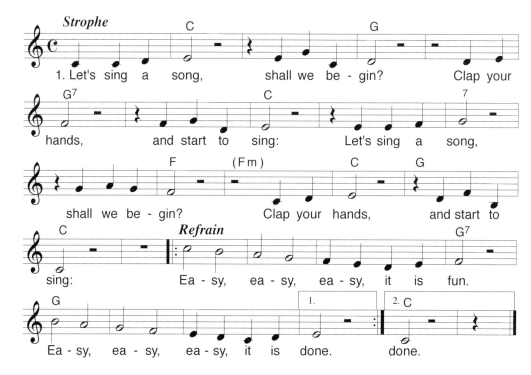

2. Let´s sing a song, shall we begin?
   Clap your hands and start to sing:
   Let´s sing a song, shall we begin?
   Clap your hands and start to sing:

   Refrain:
   Water, water, water, it is fun.
   Water, water, water, it is done.

Sprachübungen mit Spaß

3. Let´s sing a song, shall we begin?
   Clap your hands and start to sing:
   Let´s sing a song, shall we begin?
   Clap your hands and start to sing:

Refrain:
Football, football, football, it is fun.
Football, football, football, it is
done.

4. Let´s sing a song, shall we begin?
   Clap your hands and start to sing:
   Let´s sing a song, shall we begin?
   Clap your hands and start to sing:

Refrain:
Thank you, thank you,
thank you, it is fun.
Thank you, thank you,
thank you, it is done.

5. Let´s sing a song, shall we begin?
   Clap your hands and start to sing:
   Let´s sing a song, shall we begin?
   Clap your hands and start to sing:

Refrain:
One, two, three, four, one, two,
three, four, five.
One, two, three, four, one, two,
three, four, five.
One, two, three, four, one, two,
three, four, five.
One, two, three, four, one, two,
three, four, five.

Gut zu wissen

Im Englischen gibt es eine Reihe von Lauten, die ein bisschen anders ausgesprochen werden als im Deutschen. Diese Laute sollte man kennen und trainieren. Das Lied möchte Hilfe und Möglichkeit bieten, folgende Laute zu üben:

1. Strophe.
Weiches, stimmhaftes „S", wie in dem deutschen Wort „Esel": „ea_s_y".

2. Strophe.
Englisches „W", bei dem man - ganz anders als im Deutschen - die Lippen zuerst spannt und dann nach außen zieht, wie in „where", „water", „winter".

3. Strophe.
Englisches „L", das im Unterschied zum Deutschen dunkler klingt, weil es mit leicht nach hinten gebogener Zunge gesprochen wird, wie in „football".

4. Strophe.
Der „TH"-Laut, bei dem man die Zunge zwischen die Zähne schiebt und anschließend die Luft hindurchbläst, wie in „thank you".

5. Strophe.
„One, two, three" ist eine gute Gelegenheit, die Aussprache-regeln zu wiederholen, denn „one" wird am Anfang wie englisches „W" gesprochen. „Three" hat den „TH"-Laut.: „_o_ne, two, th_r_ee" (beim „R" die Zunge nach hinten rollen! "Th_r_ee".

Englisches „V" wird ähnlich wie das deutsche „W" in "Vase" gesprochen: „fi_v_e".

Sprachübungen mit Spaß

Englisch-deutsche Übersetzungen

let's, Kurzform von „let us"	lass(t) uns
Let's sing a song.	Lasst uns ein Lied singen.
Shall we begin?	Sollen wir anfangen?
Clap your hands	Klatsch(t) in die Hände
and start to sing.	und fang(t) an zu singen.
it is fun	es macht Spaß
it is done	(es ist) fertig/geschafft
easy	leicht
water	Wasser
football	Fußball
thank you	danke
one, two, three, four, five	eins, zwei, drei, vier, fünf

Sprech- und Schreibspiel

Mit „Let's ... " kann man jemandem etwas vorschlagen:
z. B. „Let's go home!"
(Lass(t) uns heimgehen!)

Schreibe auf, was du gerne mit jemandem zusammen machen möchtest:

Let's ... !

... play football / go shopping / dance / sing a song / start to sing / begin / go home

Zähle bis fünf / Count *[kaunt]* up to five

One two three four five
1   2   3   4   5

Wie ist das Wetter?

What is the weather like today?
Text: Hans-Joachim Fuhrig / Musik: Detlev Jöcker
(nach Der Hampelmann / aus: 1, 2, 3 wir singen mit)

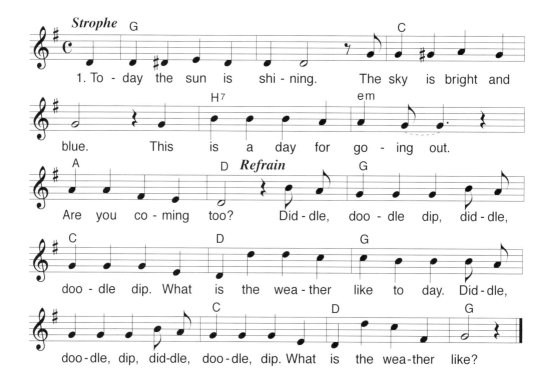

2. Today the sky is cloudy,
   and I am feeling blue.
   I am at home and reading.
   Are you reading too?

Refrain:
Diddle, doodle, dip ...

3. Today it's very breezy.
   The sea is white and blue.
   I think there is some thunder,
   and some lightning too.

Refrain:
Diddle, doodle, dip ...

Wie ist das Wetter?

Gut zu wissen

In England dreht sich vieles um das Wetter. Vor allem am Vormittag beginnen viele Gespräche mit einer Bemerkung über die aktuelle Wetterlage. Daraus entwickelt sich dann oft eine kleine Unterhaltung, etwa so:

"Good morning." – "Good morning."
"It's a nice day, isn't it?" – "Oh yes, it's a lovely day today."

"Hello, how are you ?" – "I'm fine, thank you."
"What is the weather like today?" – "Oh, it is raining."

Das englische Wetter ist sehr wechselhaft. Oft verändert sich die Wetterlage von Stunde zu Stunde. Deshalb sollte man immer gute, möglichst regensichere Kleidung oder einen Schirm tragen.

Englisch-deutsche Übersetzungen

today	heute
the sun *[san]*	die Sonne
the sun is shining	die Sonne scheint (gerade)
the sky	der Himmel
the sky is bright and blue	der Himmel ist hell und blau
this is a day for going out	dies ist ein Tag zum Ausgehen
are you coming, too?	kommst du auch (mit)?
what is the weather like (today)?	wie ist das Wetter (heute)?
the sky is cloudy	der Himmel ist wolkig
I am feeling blue	ich fühle mich traurig
I am at home and (I am) reading	ich bin zu Hause und lese
are you reading, too?	liest du auch?
it's very breezy	es ist sehr windig
the sea is white and blue	das Meer ist weiß und blau
I think	ich glaube/ich denke
I think there is some thunder	ich glaube, es gibt (etwas) Donner
... and some lightning, too	... und auch (etwas) Blitz

Wie ist das Wetter?

😊😊 Englisches Rollenspiel und Dialoge

Zwei Engländer (aus London und aus Manchester) unterhalten sich am Telefon, natürlich auch über das Wetter.

"Hello."
"How are you [hau aa juu]?"
"What is the weather like (in London)?"

"Hello."
"I'm fine, thank you."
Mögliche Antworten:
"The sky is cloudy."
"It's very breezy."
"It is raining."

"What is the weather like (in Manchester)?"

Mögliche Antworten:
"The sky is bright and blue."
"There is some thunder."
"It is a lovely day today."

So lerne ich das Alphabet!

ABC Song

Text: Hans-Joachim Fuhrig / Musik: Detlev Jöcker
(nach: Das ABC-Lied / aus: 1, 2, 3 wir singen mit)

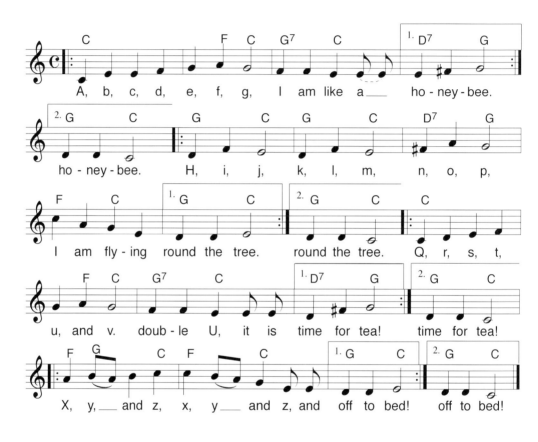

So lerne ich das Alphabet!

Gut zu wissen

Das englische ABC unterscheidet sich nur in der Aussprache vom deutschen. Das Alphabet ist vor allem für das Buchstabieren wichtig, für das Nachschlagen in Lexika und in der Schule, wenn es um Noten geht.

Die beste Note für englische Schüler lautet ein „A", die schlechteste ein „F".

Die Noten in der Schule in England:

A
B
C
D
E
F

Die Noten in Deutschland:

1 (sehr gut)
2 (gut)
3 (befriedigend)
4 (ausreichend)
5 (mangelhaft)
6 (ungenügend)

Das Lied beschreibt, wie britische Schulkinder ihren Nachmittag erleben: Nach der Schule bleibt noch etwas Zeit zum Spielen. Nach dem Abendessen, vielfach „tea" genannt, ist es Zeit für die Kinder ins Bett zu gehen. „Off to bed!" heißt es dann.

35

Englisch-deutsche Übersetzungen

I am	ich bin
like a honeybee	wie eine Honigbiene
I am flying	ich fliege (gerade)
round the tree	um den Baum herum
it is time for tea	es ist Zeit für den Tee (das Abendessen)
off to bed!	ab ins Bett!

Tagesablauf

Das Lied beschreibt die Zeit der englischen Kinder nachmittags nach der Schule. Für viele Kinder sieht ein Schultag etwa so aus:

Ca. 8.30 - 15.30 Uhr Schule	school
Rückkehr nach Hause	return home (by bus, train, (on) foot)
Teepause/Snack	snack
Hausaufgaben /Zeit zum Spielen	homework / playtime
Abendessen	tea
Schlafenszeit	bedtime ("off to bed!")

Buchstabier-Spiel

Buchstabiere die folgenden Wörter nach dem englischen Alphabet:
snack
alphabet
song
homework
tea
bed
timetable
off
honeybee

Doppelvokale oder Doppelkonsonanten buchstabiert man auf Englisch mit „double" *[dabl]* z. B. „double-m" in „swi<u>mm</u>ing pool"

So lerne ich das Alphabet!

Das englische Alphabet in Bildern / The English picture alphabet

Apple

Bear

Cat

Daffodil

Egg

Fish

Giant

Hare

Ice-cream

Jam

King

Lemon

Moon

Newspaper

Orange

Pig

Queen

Road

Shoes

Tree

Umbrella

Volcano

Whale

X-ray fish

Yo-yo

Zebra

Vokabeln lernen, kinderleicht!

Dee dee dee dip dip

Text: Lore Kleikamp / Übersetzung: Hans-Joachim Fuhrig /
Musik: Detlev Jöcker
(nach: Di di di dip dip / aus: 1, 2, 3 wir singen mit)

Refrain:
Dee, dee, dee, dip, dip ...

2. "The dog" is "der Hund".
   "The horse" is "das Pferd".
   "The child" is "das Kind".
   "The woman" is "die Frau"-
   These are really easy words.
   And I´ll remember them now.
   These are really easy words.
   And I´ll remember them now.

Refrain:
Dee, dee, dee, dip, dip ...

3. "The flower" is "die Blume".
   "The river" is "der Fluss".
   "The dog" is "der Hund".
   "The horse" is "das Pferd".
   "The child" is "das Kind".
   "The woman" is "die Frau".
   These are really easy words.
   And I´ll remember them now.
   These are really easy words.
   And I´ll remember them now.

Refrain:
Dee, dee, dee, dip, dip ...

Lernspiel zum Lied

Mit diesem Lied können wichtige englisch-deutsche Vokabeln wiederholt werden, indem man sie einfach an den Ausgangsvers anhängt. Der Ausgangsvers lautet:

"The child" is "das Kind".
"The woman" is "die Frau".
These are really easy words.
And I'll remember them now.

Bei der zweiten und dritten Strophe kommen jeweils zwei neue Vokabeln hinzu, so dass es zum Schluss insgesamt 6 Wörter sind, die in umgekehrter Reihenfolge (die Neuen zuerst) auswendig wiederholt werden müssen.

Eingeleitet wird jede Strophe mit einem *Dee, dee, dee, dip, dip. Dee, dee, dee, dip, dip. Dee, dee, dee, dip, dip.* Hierbei machen die Kinder mit ihren ineinander verschränkten Händen eine Handbewegung, die Wasserwellen darstellen sollen.
Bei „*Yeah, yeah, yeah, yeah!*" werfen die Kinder zur Bekräftigung ihren rechten Arm in die Höhe.

Gut zu wissen

Die einfachste Frage, wenn man wissen möchte, wie etwas auf Englisch heißt oder was ein Wort bedeutet, ist: "What is ('dog') in German?" or "What is the English word for ('Hund') ?"

Englisch-deutsche Übersetzungen

"The child" is "das Kind"	„The child" heißt/bedeutet „das Kind"
These are really easy words	Dies(e) sind wirklich einfache Wörter
I'll (eigentlich I will) remember them now.	Ich werde sie mir jetzt merken / sie jetzt behalten

Englische und deutsche Sätze

These	are	really	easy	words.
Dies	sind	wirklich	einfache	Wörter.

Ein Reim / A rhyme

Ein historischer Kinderreim lautet:

Remember, remember
The fifth of November.

(Denke dran, denke dran
An den 5. November.)

Dabei geht es um den „Guy Fawkes Day", der jedes Jahr am 5. November abends mit Feuerwerken und Holzfeuern in ganz England gefeiert wird. Dies geht auf ein Ereignis im 17. Jahrhundert zurück, bei dem ein Anschlag auf das englische Parlament vereitelt wurde.

Vokabeln lernen, kinderleicht!

Symbole und Schilder zur Erinnerung

Damit man sich die Wörter im Lied in ihrer Reihenfolge besser merken kann, schreibt man sie auf bunte Blätter (Vorderseite Englisch, Rückseite Deutsch) oder zeichnet die Begriffe auf die Blätter auf.

Zusätzlich können die Blätter an Stäben befestigt werden. Nun hebt oder dreht man das entsprechende „Schild", wenn es an der Reihe ist.

Blue, blue, blue

Text: Heinz Beckers / Übersetzung: Hans-Joachim Fuhrig /
Musik: Detlev Jöcker
(nach: Das Farbenlied / aus: Komm, du kleiner Racker)

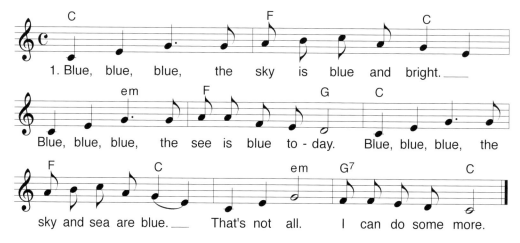

2. Green, green, green,
   grass is green in summer.
   Green, green, green,
   trees are green in spring.
   Green, green, green,
   grass and trees are green.
   That´s not all,
   I can do some more.

3. Red, red, red,
   the rose is red in summer.
   Red, red, red,
   the evening sky is red.
   Red, red, red,
   the rose and sky are red.
   That´s not all,
   I can do some more.

4. White, white, white,
   the snow is white in winter.
   White, white, white,
   the clouds are white. Look up.
   White, white, white,
   snow and clouds are white.
   That´s not all,
   I can do some more.

5. Pink, pink, pink,
   cheeks are pink and rosy.
   Pink, pink, pink,
   pigs are pink and clean.
   Pink, pink, pink,
   cheeks and pigs are pink.
   That´s not all,
   I can do some more.

Gut zu wissen

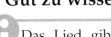

Das Lied gibt Beispiele, welche Farben man im Englischen mit welchen Begriffen verbindet.

Dazu kann man sich das englische Wetter vorstellen, das stets sehr wechselhaft ist (vgl. auch "What is the weather like today?").

Englisch-deutsche Übersetzungen

blue	blau
the sky is blue and bright	der Himmel ist blau und heiter
the sea	das Meer
today	heute
that's not all, I can do some more	das ist noch nicht alles, ich weiß noch ein paar mehr (Beispiele)
green	grün
grass is green in summer	Gras ist im Sommer grün
trees are green in spring	Bäume sind im Frühling grün
red	rot
the rose is red in summer	die Rose ist im Sommer rot
the evening sky is red	der Abendhimmel ist rot
white	weiß
clouds are white	Wolken sind weiß
look up	schau hinauf (in die Wolken)
pink	rosa
cheeks are pink and rosy	Wangen sind rosa und rosig
pigs are pink and clean	Schweine (z.B. Schweinchen) sind rosa und sauber

Kennt ihr die Farben?

Farben in englischen Beispielen

green
grass, trees, leaves (Blätter), frog (Frosch), grasshopper (Grashüpfer), caterpillar (Raupe), peas (Erbsen), crocodile

pink
pig, flamingo, shrimps (Krabben), starfish (Seestern),

red
rose, brick (Ziegelstein), fire-engine (Feuerwehrauto), strawberries (Erdbeeren), tomato, ladybird (Marienkäfer), cherries (Kirschen), watermelon (Wassermelone)

yellow
sun, butter, banana, daffodil (Narzisse), lemon (Zitrone)

white
snowflake (Schneeflocke), clouds (Wolken), snowman (Schneemann)

Kennt ihr die Farben?

blue
sky, blue jeans, swimming pool (Schwimmbad), blueberries (Blaubeeren)

orange
oranges, orange juice (Orangensaft), flame (Flamme), goldfish, marmalade (Orangenmarmelade), carrot (Karotte)

black
blackberries (Brombeeren), blackboard (Schultafel), tyre (Reifen), spider (Spinne)

Spielidee

Wer erinnert sich an die (grünen, roten, ...) Gegenstände?

Who remembers the (green, red,.......) things?

Wer die meisten Begriffe aufzählen kann, hat gewonnen. Wenn man sich Memory-Karten bastelt, geht es vielleicht leichter.

So sprechen die Tiere

Pets and animals

Text: Lore Kleikamp / Übersetzung: Hans-Joachim Fuhrig /
Musik: Detlev Jöcker
(nach: Auf dem Bauernhof / aus: 1, 2, 3 wir singen mit)

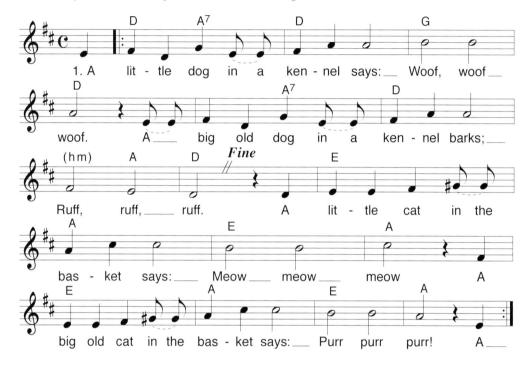

2. A little goldfish swims and says:
   Glub, glub, glub.
   A big old goldfish swims and says:
   Blub, blub, blub.
   A little lamb in the green field bleats:
   Ba, ba, ba.
   A big old sheep in the green field says:
   Ba, ba, ba.

So sprechen die Tiere

3. A little calf in the cowshed says:
   Moo, moo, moo.
   A big old cow in the cowshed says:
   Moo, moo, moo.
   A little foal in the stable says:
   Neigh, neigh, neigh.
   A big old horse in the stable says:
   Neigh, neigh, neigh.

4. A little budgie sings and says:
   Tweet, tweet, tweet.
   A big old pigeon sings and says:
   Coo, coo, coo.
   A little duckling waddles and says:
   Quack, quack, quack.
   A big old duck in the duck-pond says:
   Quack, quack, quack.

Gut zu wissen

Die englischen Kinder haben Tiere und Haustiere sehr gern. Alle Tiere besitzen typische Laute, aber nicht alle sind gleich wie im Deutschen und auch die Bezeichnungen für die „Musik" der Tierstimmen ist meist anders.

Englisch-deutsche Übersetzungen

little	klein
a little dog	ein kleiner Hund
in a kennel	in einer Hundehütte
says	(er, sie, es) sagt
big	groß
a big old dog in a kennel barks	ein großer alter Hund in einer Hundehütte bellt
a little cat	eine kleine Katze
in the basket	im Korb
a little goldfish	ein kleiner Goldfisch
swims and says	schwimmt und sagt
a little lamb	ein kleines Lamm
in the green field	auf dem grünen Feld
bleats	(es) blökt
a big old sheep	ein großes altes Schaf
a little calf	ein kleines Kalb
in the cowshed	im Kuhstall
a big old cow	eine dicke alte Kuh
a little foal	ein kleines Fohlen
in the stable	im Pferdestall
a big old horse	ein großes altes Pferd
a little budgie	ein kleiner Wellensittich
a big old pigeon	eine dicke alte Taube
a little duckling waddles	ein kleines Entlein watschelt
a big old duck	eine dicke alte Ente
in the duck-pond	im Ententeich

So sprechen die Tiere

Ein Kinderreim auf Englisch / A nursery rhyme in English

Ba, ba, black sheep,
have you any wool?

Yes, sir, yes, sir,
three bags full.
One for the master,
one for the dame
and one for the little boy,
who lives down the lane.

Ba, ba, schwarzes Schaf,
hast du etwas Wolle?

Ja, Herr, ja Herr,
drei Taschen voll.
Eine für den Herrn,
eine für die Dame
und eine für den kleinen Jungen,
der drunten am Weg wohnt.

Auf einem Bauernhof / On a farm

One little dog
1
"Woof, woof."

two cats
2
"Meow, meow."

three little goldfish
3
"Glub, glub."

four big ducks
4
"Quack, quack."

Five cows
5
"Moo, moo."

six foals
6
"Neigh, neigh."

seven budgies
7
"Tweet, tweet."

eight ducklings
8
"Quack, quack."

Nine pigeons
9
"Coo, coo."

ten little lambs
10
"Ba, ba."

Lernspiel zum Lied

Die Kinder spielen die Tiere, am besten mit selbst gebastelten Masken. Mit den Fingern zählen alle mit: von 1 bis 10.

Jetzt kenne ich alle Körperteile

Wishy, washy, wishy

Text: Lore Kleikamp / Übersetzung: Hans-Joachim Fuhrig /
Musik: Detlev Jöcker
(nach: Wischi wischi waschi / aus: 1, 2, 3 wir singen mit)

2. I'm washing my arms now,
they are really dirty, wow!
I'm washing my arms now,
they are really dirty, wow!

Refrain:
Wishy, washy, wishy, washy.
I'm washing my arms now ...

3. I'm washing my knees now,
they are really dirty, wow!
I'm washing my knees now,
they are really dirty, wow!

Refrain:
Wishy, washy, wishy, washy.
I'm washing my knees now ...

4. I'm washing my feet now,
   they are really dirty, wow!
   I'm washing my feet now,
   they are really dirty, wow!

Refrain:
Wishy, washy, wishy, washy.
I'm washing my feet now ...

Lernspiel zum Lied

Das Lied kann mit den entsprechenden Gesten und Bewegungen begleitet werden.
Zuerst (während des Vorspiels) dreht man pantomimisch den Wasserhahn auf, dann „wäscht" man die Hände, zeigt, wie sehr schmutzig („really dirty") sie noch sind, ruft laut „wow!" u.s.w.
Danach kommen die anderen Körperteile dran:
- die Arme dazu über dem Kopf kreuzen,
- die Knie wie beim Charleston-Tanz mit den Händen überkreuzen
- die Füße wie ein Storch oder wie beim Wassertreten ins Wasser „eintauchen".

Um es noch unterhaltsamer zu machen: Bei den Wiederholungen oder bei den instrumentalen Zwischenspielen zwischen den Strophen sich umdrehen und alle Bewegungen hinter dem Rücken ausführen. Dies eignet sich zur Präsentation bei einem Vorspielabend!

Variante:
Die Bewegungen werden im Gehen ausgeführt. Ein Kind oder Erwachsener ist der Anführer, die anderen kopieren und folgen nach, wie bei einer Polonaise.

Gut zu wissen

In diesem Lied geht es um den Körper und die Körperteile. Die meisten Wörter klingen hier ähnlich wie im Deutschen und werden auch fast so geschrieben.

Aber Vorsicht, alles wird im Englischen klein geschrieben, außer: Namen, Länder und „ich". Natürlich beginnt man auch am Satzanfang immer groß!

Englisch-deutsche Übersetzungen

I am (kurz gesprochen „I´m") washing my hands now	ich wasche jetzt meine Hände
they are really dirty	sie sind wirklich schmutzig
my arms	meine Arme
my knees [nies]	meine Knie
my feet	meine Füße

Im Englischen fällt das „c" bei „sch" weg: washing

Ausnahme: Schule - school

Vergleiche

Deutsche Schreibweise	Englische Schreibweise
Englisch	English
Waschen	wash
Wischi, waschi	wishy, washy

Spielidee: Mach es nach! Aber Vorsicht, Falle!

Mehrere Kinder können folgendes Lernspiel ausführen: Ein Kind sagt „I´m washing my hands" und stellt dies in Gesten dar. Die anderen Kinder stehen und machen alle Bewegungen nach, wie es gesagt wird. Wer eine falsche Bewegung macht, hat verloren und muss sich setzen.

Der Spielleiter versucht nun, die Mitspieler durch immer schnelleres Sprechen und falsche Gesten zu falschen Bewegungen zu verleiten. Er kann auch versuchen, die Mitspieler zum Lachen zu bringen. Wer lacht, scheidet ebenfalls aus.

Die Körperteile /
The parts of the body

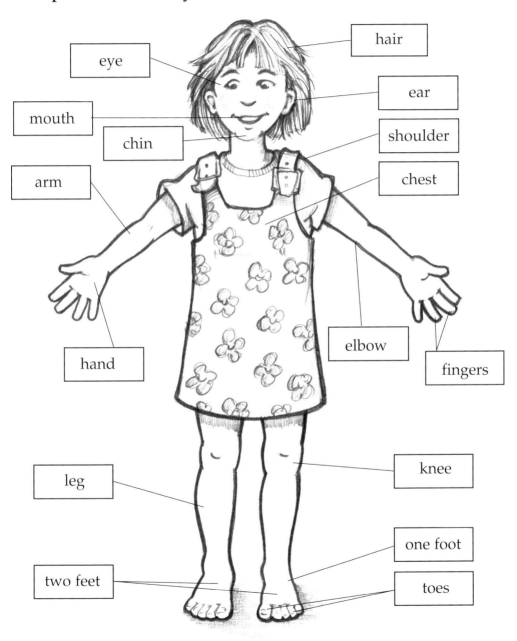

Jetzt kenne ich alle Körperteile

 Tipp:

Mit der Playbackversion können neue Strophen gesungen und gespielt werden.
Vorsicht: Wenn man nur ein Körperteil waschen möchte, heißt es:

(das Haar) (die Nase) (der Arm)
<u>my</u> hair   <u>my</u> nose   <u>my</u> arm

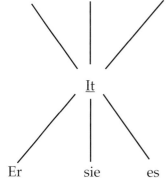

It   is   really   dirty,   wow!

Er   sie   es   ist   wirklich   schmutzig, wow!

Beispiele:
1. I´m washing <u>my</u> hair now.
   <u>It</u> is really dirty, wow.

2. I´m washing <u>my</u> arm now.
   <u>It</u> is really dirty, wow.

3. I´m washing <u>my</u> nose now.
   <u>It</u> ist really dirty, wow.

Do you know who?

Text: Hans-Joachim Fuhrig / Musik: Detlev Jöcker
(nach: Herr Pumpernickel / aus: 1, 2, 3 wir singen mit)

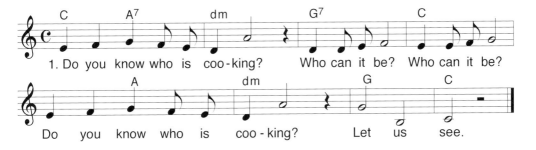

1. Do you know who is cooking? Who can it be? Who can it be? Do you know who is cooking? Let us see.

2. Do you know
   who is reading?
   Who can it be?
   Who can it be?
   Do you know
   who is reading?
   Let us see.

3. Do you know
   who is eating?
   Who can it be?
   Who can it be?
   Do you know
   who is eating?
   Let us see.

4. Do you know
   who is writing?
   Who can it be?
   Who can it be?
   Do you know
   who is writing?
   Let us see.

5. Do you know
   who is clapping?
   Who can it be?
   Who can it be?
   Do you know
   who is clapping?
   Let us see.

6. Do you know
   who is hiding?
   Who can it be?
   Who can it be?
   Do you know
   who is hiding?
   Let us see.

Weißt du, wer?

Lernspiel zum Lied

Das Lied ist dazu gedacht, Verben oder Tuwörter mittels Gesten einzuüben. In einer Gruppe geht es so: Jedes Kind bekommt jeweils einen Zettel mit einem Symbol und einem Verb, z.B.

Zeitung   reading

Wenn die Frage „Do you know who is reading" gesungen wird, muss das Kind pantomimisch „lesen" darstellen. Die anderen Kinder suchen während des Liedes, wer liest („...who is reading."). Zum Schluss (bei der Zeile „Let us see.") steht das Kind auf und gibt sich zu erkennen. Das Kind, das „hiding" auf seinem Zettel stehen hat, darf sich verstecken.

Wenn ein Kind alleine ist, kann man die Karten mit den Bildern nach oben vor sich auf den Tisch oder Boden legen. Während der Strophe wird überlegt, welche Person auf den Karten gemeint sein könnte. Am Ende jeder Strophe dreht man die Bildkarte um, damit man erfährt, ob man es richtig geraten hat.

Es können beliebig viele neue Strophen gebildet werden.

Mann mit Zeitung	reading
Frau mit Kochtopf	cooking
Mann im Restaurant	eating
Kind auf dem Spielplatz	playing
Frau mit Hund	walking
Kind mit Schreibheft	writing
Bus mit Fahrer	driving
Sportler beim Wettrennen	running

Gut zu wissen

„Wer" heißt auf Englisch „who" und wird [huu] ausgesprochen. Man darf es auf keinen Fall mit „wo" verwechseln, denn das heißt auf Englisch „where".

Es ist also genau umgekehrt als erwartet!

Who? [huu]   Wer?
Where?   Wo?

Englisch-deutsche Übersetzungen

do you know	weißt du (eigentlich: tust du wissen?)
who is cooking?	wer kocht (da gerade)?
who can it be?	wer kann es sein?
let us see	lass(t) uns sehen
do you know who is reading?	weißt du, wer liest?
do you know who is eating?	weißt du, wer isst?

Eine wichtige Frage

Die Frage „Do you like [leik]?" (eigentlich „tust du / tun Sie mögen") stellt eine sehr wichtige Struktur im Englischen dar, die man gut in weiteren Fragen und auch Rollenspielen verwenden kann.

Beispiel:
Do you like cooking?   Kochst du / Kochen Sie gerne?
                       (Tust du / Tun Sie gerne kochen)

Antworten:
Yes.   Ja.
No.   Nein.
Do you like running?   Rennst du gerne? / Rennen Sie gerne?

 Tipp:

Hier kann man alle Tätigkeiten des Lernspiels abfragen.

Das mache ich alles nach

Let's wobble!

Text: Lore Kleikamp / Übersetzung: Hans-Joachim Fuhrig /
Musik: Detlev Jöcker
(nach: Das Flummilied / aus: Und weiter geht's im Sauseschritt)

2. My arms are made of rubber.
   They wobble up and down.
   I am so very wobbly.
   Like a clown.

   Refrain:
   We are the wobbly children ...

3. My hands are made of rubber.
   They wobble up and down.
   I am so very wobbly.
   Like a clown.

   Refrain:
   We are the wobbly children ...

4. My legs are made of rubber.
   They wobble up and down.
   I am so very wobbly.
   Like a clown.

Refrain:
We are the wobbly children ...

5. My feet are made of rubber.
   They wobble up and down.
   I am so very wobbly.
   Like a clown.

Refrain:
We are the wobbly children ...

Gut zu wissen

Dieses Lied eignet sich gut als Auflockerungsübung, Tanzlied oder zur Wiederholung der englischen Wörter für Körperteile. Je nachdem, ob es sich nur um ein Körperteil handelt (z.B. my head = mein Kopf) oder zwei (my arms = meine Arme), muss der Text entsprechend geändert werden.

my head	<u>it</u> wobble<u>s</u> up and down
my arms	<u>they</u> wobble up and down

Im Englischen heißt es bei Körperteilen immer
„<u>my</u> (head)" „mein (Kopf)",
„your" [joo] „dein" etc.
(vgl. auch „I'm washing my hands, now. They are really dirty, wow.")

Das mache ich alles nach

Englisch-deutsche Übersetzungen

my head is made of rubber	mein Kopf ist aus Gummi (gemacht)
it wobbles up and down	er wackelt auf und nieder
this is the latest hit	das ist der neueste Hit
we are the wobbly children	wir sind die schlapprigen / wackligen Kinder
we wobble up and down	wir wackeln auf und nieder
hey, wobble and be fit!	hey, wackle und werde (eigentlich „sei") fit
my hands are made of rubber	meine Hände sind aus Gummi (gemacht)
my legs are made of rubber	meine Beine sind aus Gummi (gemacht)
my feet are made of rubber	meine Füße sind aus Gummi (gemacht)

Spielidee

Dieses Lied eignet sich dazu, es zum Spiel „Reise nach Jerusalem" zu verwenden. Die Kinder müssen sich so bewegen, als ob die genannten Körperteile ganz elastisch, d.h. wie „aus Gummi" wären.

Tipp

Bei zwei Kindern kann das der eine dem anderen zeigen, welche Körperteile wackelig sind. Statt „my head..." muss es dann aber heißen „your head is made of rubber."

Das mache ich alles nach

Ein Reim / A rhyme

Humpty Dumpty

Humpty Dumpty ist der Name eines beleibten Mannes, der stürzt und sich verletzt.

Die Kinder können den Reim sprechen, während sie um einen Stuhlkreis laufen.

Humpty Dumpty sat on a wall *[wool]*. (Humpty Dumpty saß auf einer Mauer)
Im Rhythmus schnell gehen, bei „wall" sich kurz setzen.

Humpty Dumpty had a great fall *[fool]*. (Humpty Dumpty fiel weit herunter)
Weiterlaufen und bei „fall" auf den Boden fallen.

All the King's horses (Alle Pferde des Königs)
Wieder aufstehen, und „galoppieren".

and all the King's men (und alle Männer des Königs)
Wie Soldaten im Gleichschritt gehen.

couldn't *[kudnt]* put Humpty Dumpty (konnten Humpty Dumpty nicht wieder)

together again. (zusammenflicken.)

Nochmals zu Boden fallen und liegen bleiben.

Das mache ich alles nach

Gegensätze / Opposites

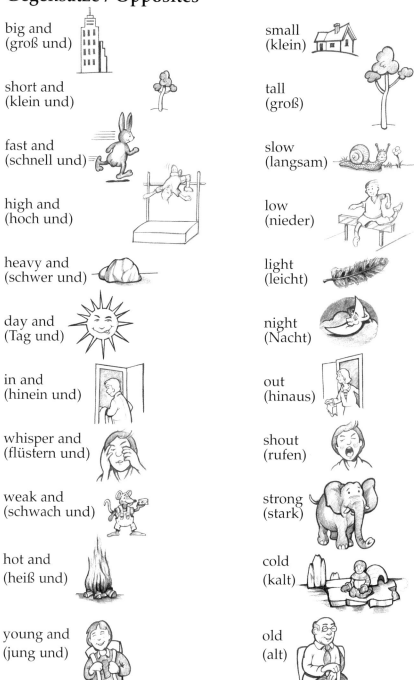

big and (groß und) — small (klein)

short and (klein und) — tall (groß)

fast and (schnell und) — slow (langsam)

high and (hoch und) — low (nieder)

heavy and (schwer und) — light (leicht)

day and (Tag und) — night (Nacht)

in and (hinein und) — out (hinaus)

whisper and (flüstern und) — shout (rufen)

weak and (schwach und) — strong (stark)

hot and (heiß und) — cold (kalt)

young and (jung und) — old (alt)

Tonangebend im Kinderzimmer

DIE BELIEBTESTEN TONTRÄGER

1. 1, 2, 3 im Sauseschritt
2. Komm, du kleiner Racker
3. Der Regenbogenfisch
4. Si-Sa-Singemaus
5. Kleine Kerze leuchte
6. Und weiter geht's im Sauseschritt
7. Ich bin der kleine Zappelmann
8. Kinderträumeland
9. Mile male mule, ich gehe in die Schule
10. Meine Weihnachtszauberwelt

DETLEV JÖCKER & seine Lieder ...durch ein ganzes Kinderleben!

Lern-, Spiel und Spaßlieder ab 3
zum Thema Sprachförderung
CD/MC/LiederSpieleBuch

Lern-, Spiel und Spaßlieder ab 3
für die ganzheitliche Förderung
CD/MC/LiederSpieleBuch

Lern-, Spiel- und Spaßlieder von
für kleine Racker
CD/MC/LiederSpieleBuch

Kunterbunte Popmusik für Kids ab 5
CD/MC

Das neueste Abenteuer von ab 3
Lars, dem kleinen Eisbären
CD/MC/LiederSpieleBuch

LiederHörSpiel zum Thema ab
Helfen macht Mut
CD/MC/LiederSpieleBuch

Lieder, die durch den ab 3
Zauber der Weihnachtszeit führen
CD/MC/LiederSpieleBuch

Neue Hits für Kids ab 5
CD/MC/Liedheft

Unser aktuelles Verlagsprogramm
mit weiteren Tonträgern und
Büchern von Detlev Jöcker
schicken wir Ihnen gerne
und unverbindlich zu.
**Menschenkinder® Verlag
und Vertriebs GmbH,
An der Kleimannbrücke 97,
48157 Münster
Tel. 0251/93252-0
Fax 0251/328437
E-Mail: info@menschenkinder.de
http://www.menschenkinder.de**

➔ **Mit Hörproben sämtlicher Lieder!**

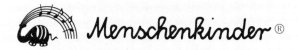